HISTOIRE POPULAIRE

DU

BOMBARDEMENT DE LILLE

par les Autrichiens

en 1792

LILLE
Gustave LELEU, Libraire-Éditeur
11, Rue Neuve

1892

BOMBARDEMENT DE LILLE

1792

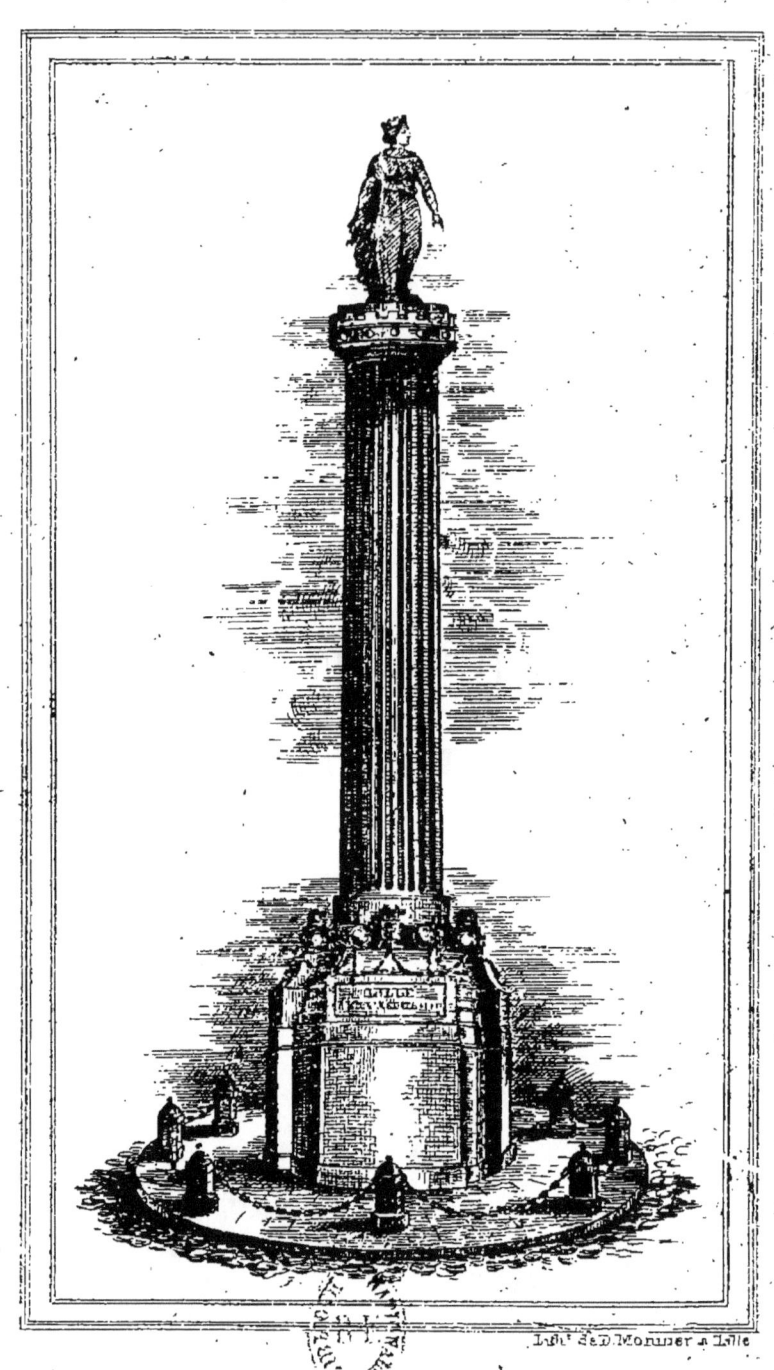

MONUMENT COMMÉMORATIF
de la défense de Lille en 1792

HISTOIRE POPULAIRE
DU
BOMBARDEMENT DE LILLE
par les Autrichiens
en 1792

LILLE
Gustave LELEU, Libraire-Éditeur
11, Rue Neuve

—

1892

RELATION POPULAIRE
DU BOMBARDEMENT DE LILLE
en 1792.

Les souverains des diverses puissances de l'Europe, considérant comme une menace pour eux et leurs trônes les réformes qui s'accomplissaient en France au commencement de la Révolution, formèrent une immense coalition et échelonnèrent leurs troupes le long de nos frontières, n'attendant que le moment favorable de pénétrer sur notre territoire.

La situation n'était plus tenable et l'Assemblée nationale, dans sa séance du 20 avril 1792, décréta la guerre contre l'empereur d'Autriche Léopold II, qui, de concert avec le roi de Prusse, projetait d'intervenir, les armes à la main, dans nos affaires intérieures.

L'armée autrichienne commandée par le duc de Saxe ayant pour but de favoriser l'invasion du centre de la France en menaçant les villes de la frontière, avait établi à Tournai son quartier général. Après avoir occupé successivement Roubaix, Lannoy, Saint-Amand, Orchies et Tourcoing du 5 au 10 septembre 1792, elle se disposa à marcher sur Lille et installa des camps aux environs, à Lezennes, à Annappes, etc...

Le siége de notre ville devenait imminent. Le 25, on fit inonder les fortifications, et l'on prépara les batteries de défense entre la porte Saint-Maurice et la porte de Paris. L'état de siége fut proclamé à Lille le 26 septembre 1792 au matin, la veille on avait tenté une sortie contre les Autrichiens par la porte de Paris: 600 volontaires, 250 Belges et 150 cavaliers sous les ordres du général Ruault et du général

Champmorin s'avancèrent résolument vers l'ennemi, dont l'artillerie de notre place avait déjà détruit une partie des travaux, et les délogèrent de leurs retranchements. Mais la résistance opiniâtre des Impériaux, après trois heures de combat, fit juger de la supériorité de leurs forces ; et le général Ruault ordonna la retraite sur Lille ; elle se fit en bon ordre, grâce aux dispositions prises et au feu de l'artillerie de la place. Nous eûmes, dans cette sortie, deux hommes de tués et une quinzaine de blessés.

On s'occupa, dès ce moment, des mesures à prendre pour assurer et prolonger la défense de Lille. L'ennemi, de son côté, étendit ses troupes à droite et à gauche, à l'abri des masures du faubourg de Fives. où il installa des batteries formidables et des grils à rougir les boulets.

Le 29 septembre, il avait terminé ses préparatifs malgré le feu incessant de nos remparts. Vers onze heures du matin, un officier autrichien se présenta à la porte Saint-Maurice, en qualité de parlementaire, il était accompagné d'un trompette et de trois hussards. Le capitaine Maurand, aide-de-camp du général Ruault, et le colonel de Varennes, du 15ᵉ régiment, le reçurent et après lui avoir bandé les yeux, le conduisirent au Conseil de défense où il remit au général-commandant la sommation qui suit :

Monsieur le Commandant,

L'armée de Sa Majesté, que j'ai l'honneur de commander, est à vos portes, les batteries sont dressées ; l'humanité m'engage, Monsieur, de vous sommer, vous et votre garnison, de me rendre la ville et la citadelle de Lille, pour prévenir l'effusion du sang. Si vous vous y refusez, Monsieur, vous me forcerez malgré moi de bombarder une ville riche et peuplée que j'aurais désiré ménager. *Je demande incessamment une réponse catégorique.*

Fait au camp devant Lille, le 25 septembre 1792.

Signé : ALBERT DE SAXE.

Le parlementaire était porteur d'une seconde lettre qu'il demanda à remettre à la municipalité ; on lui fit savoir que les lois françaises ne permettaient pas de le laisser communiquer avec les citoyens. Il remit alors au président du Conseil cette seconde dépêche ainsi conçue :

Etabli devant votre ville avec l'armée de Sa Majesté, confiée à mes ordres, je viens en vous sommant de la rendre, ainsi que la citadelle, offrir aux habitans sa puissante protection; mais, si par une vaine résistance, on méconnaissait les offres que je leur fais, les batteries étant dressées et prêtes à foudroyer la ville, la municipalité sera responsable envers ses concitoyens de tous les malheurs qui en seront la suite inévitable.

Signé : Albert de Saxe.

Le général Ruault répondit au nom de la garnison :

La garnison que j'ai l'honneur de commander et moi, sommes résolus de nous ensevelir sous les ruines de cette place, plutôt que de la rendre à nos ennemis ; et ses citoyens fidèles comme nous à leur serment de vivre libres ou de mourir, partagent nos sentiments et nous seconderont de tous leurs efforts.

André, maire de Lille, remit de son côté à l'envoyé du duc Albert, la réponse du Conseil municipal qui l'avait votée unanimement. Voici cette réponse, devenue avec raison, célèbre :

La Municipalité de Lille à Albert de Saxe.

Nous venons de renouveler notre serment d'être fidèles à la nation, de maintenir la liberté et l'égalité, ou de mourir à notre poste, nous ne sommes pas des parjures.

Signé : ANDRÉ, *maire.*

ROHART, *secrétaire-greffier.*

A une heure de l'après-midi, l'officier autrichien repartit avec les mêmes précautions qu'à son entrée et reporta ces deux réponses au camp ennemi. Le peuple de Lille l'escorta jusqu'aux portes de la ville en faisant retentir les airs des cris mille fois répétés de : *Vive la Liberté ! Vive la Nation !*

A peine le parlementaire avait-il regagné les postes de l'armée ennemie qu'une effroyable détonation se fit entendre, en même temps que les airs furent sillonnés par une grêle de bombes et de boulets rouges. Notre artillerie opposa à ce feu terrible tous les moyens qui étaient en son pouvoir, mais bientôt l'église Saint-Etienne et les maisons voisines, atteintes par les projectiles enflammés, ne formèrent plus qu'un immense brasier qui les réduisit en cendres, malgré la promptitude des secours que les officiers municipaux conduisirent en personne.

Le lendemain 30 septembre, l'ennemi soutint tout le jour, comme il l'avait fait dans la nuit, le feu incessant de la veille. L'incendie de la ville gagne et se multiplie dans les divers quartiers ; celui de *Saint-Sauveur*, plus exposé aux coups, devient le foyer le plus violent. Une pluie de bombes et de boulets le rend inaccessible aux secours les plus intrépides. Les flammes qui s'échappent des portes et fenêtres, les débris qui obstruent les rues, ne permettent plus d'habiter les rues du Croquet, de

Poids et des alentours. Plusieurs familles qui s'étaient réfugiées dans les caves, y trouvèrent une mort épouvantable, étouffées par le feu, la fumée et les débris des constructions qui s'écroulaient.

Un grand nombre de citoyens et de soldats s'efforçaient d'arrêter les dévastations produites par les projectiles ennemis en veillant, à travers tous les dangers, à suivre la direction des boulets rouges ; dès qu'on apercevait une maison atteinte par un de ces terribles engins, on avertissait par des cris les habitants du voisinage ; on recherchait avec soin le globe incendiaire et on arrivait quelquefois à en atténuer les effets.

Les rues les plus exposées furent garnies d'une couche de fumier qu'on arrosait à grande eau ; la même précaution fut prise pour les planchers des greniers, dans les quartiers les plus menacés.

Les 1er et 2 octobre, le feu de l'ennemi

continua sans relâche. L'attitude courageuse des Lillois était véritablement admirable ; ils répondaient aux fureurs du général autrichien par un insouciant mépris, ils se disputaient le danger téméraire d'arracher la mèche enflammée des obus ennemis ; un d'entre eux, le sieur Maes, perruquier, rue du Vieux-Marché-aux-Moutons, courut ramasser un éclat de bombe et s'en servit séance tenante, comme d'un plat à barbe pour raser dans la rue une quinzaine de citoyens, au milieu du fracas de la mitraille.

Nos canonniers montraient une intrépidité remarquable Leur adresse était aussi bien digne de louanges : un de leurs pointeurs, le sieur Reboux, lança au milieu d'un convoi ennemi une bombe qui fit sauter un caisson de poudre, tuant tous les soldats qui l'accompagnaient. Un autre boulet parti de nos remparts creva la culasse d'un mortier autrichien, que l'on peut encore voir aujourd'hui dans la cour de l'hôtel des Canonniers de Lille.

Le capitaine Ovigneur, occupé au service d'une batterie sur nos remparts, est prévenu que sa maison est en flammes. « *Eh bien*, dit-il, *moi je suis à mon poste, je vais leur rendre feu pour feu.* »

Les deux journées suivantes, 3 et 4 octobre, l'ennemi ne laissa encore aucune trêve. Les bombes, les boulets rouges et les boulets froids pleuvaient sur la ville ; notre feu, également très soutenu, lui causa de grandes pertes. A cette date, trente mille boulets rouges et six mille bombes environ avaient été lancés sur notre ville. Ces derniers projectiles pesaient un poids énorme, ils étaient remplis de morceaux de fer, de clous, de mitrailles d'un effet des plus meurtriers. Plus de deux cents maisons avaient été incendiées et bon nombre d'autres grandement avariées.

Ce fut à ce moment que Marie-Christine, archiduchesse d'Autriche, femme du duc Albert qui dirigeait le siége, vint, au milieu de l'armée ennemie, se rendre compte en personne du point où en était l'œuvre de dévastation.

Certaines relations du siége reprochent même à cette princesse d'avoir dirigé la manœuvre d'une batterie, et mis elle-même le feu à un mortier braqué sur la place ; ce fait, d'une cruauté révoltante, est contesté par d'autres historiens ; on a du reste peine à croire à un tel acte de barbarie de la part d'une femme.

Le 5 octobre, le feu de l'ennemi, qui avait continué toute la nuit, parut moins vif dans la matinée et s'affaiblit sensiblement dans le reste de la journée ; il ne tirait plus que de quatre à cinq pièces, toujours à boulets rouges, mais qui n'obtenaient plus de résultats bien inquiétants, grâce à toutes les précautions prises par les habitants et la garnison.

Le 6, l'ennemi, qui n'avait tiré que par

intervalle dans la nuit, répondit encore moins à la vivacité du nôtre, son feu cessa entièrement dans l'après-midi.

Le 7, aucun feu de l'ennemi ne s'était fait entendre dans la nuit. M. Bourdeville, premier lieutenant-colonel du 74ᵉ régiment, sortit par la porte Saint-Maurice, avec 200 hommes, deux compagnies de grenadiers et un régiment de hussards ; on entendit aussitôt plusieurs décharges de mousqueterie des vedettes de l'ennemi, qui ne pouvaient laisser aucun doute sur sa présence ; le lieutenant-colonel, qui avait reçu l'ordre d'être fort prudent et de ne pas engager le combat, fit sa retraite en bon ordre, sous la protection du feu de nos remparts.

Le 8 octobre, enfin, le général fut informé par un déserteur que l'ennemi avait battu en retraite dans la nuit et se portait vers Tournai ; il ordonna immédiatement au maréchal de camp Champmorin de se porter en avant du faubourg de Fives, avec 500 volontaires et des troupes de ligne, et de faire raser les retranchements établis par les Autrichiens. L'exécution de ce travail n'éprouva aucun obstacle.

Dès lors, on put se rendre un compte exact des désastres occasionnés par le siége, et qu'on n'avait pas eu le loisir d'examiner jusque là. Les rues de Fives, de St-Sauveur, du Croquet, etc., ne formaient qu'un monceau de ruines fumantes. Dans les maisons épargnées par le feu, les toitures étaient défoncées, les vitres brisées. L'église Saint-Sauveur avait perdu sa belle flèche, la tourelle de la Bourse et les clochers de plusieurs autres édifices religieux avaient été enlevés par les boulets....

Dans la plupart des maisons qui purent être réparées, les habitants firent incruster les boulets qui avaient occasionné le dommage ; ils les gardaient comme de glorieux et vivants souvenirs pour les générations futures.

La Convention nationale fit indemniser les habitants des pertes occasionnées par le bombardement. Dans les états de ces remboursements, on trouve le paiement de tous les dégâts, depuis *un franc*, payé à une réclamante, jusqu'à 180.000, importance des deux tiers de l'évaluation des pertes de la Maison-de-Ville.

Plusieurs Lillois généreux ne voulurent même point recevoir les sommes qui leur étaient dues.

La retraite des Autrichiens avait été le signal de l'évacuation de toute notre région par l'ennemi. Chassés par nos soldats des villages et bourgs de nos environs, les Impériaux durent bientôt repasser la frontière. Ce ne fut plus pour nos armées qu'une suite de brillantes victoires.

La résistance héroïque de notre ville avait préservé d'une invasion la France toute entière. De tous les points de notre pays, des témoignages d'admiration, des félicitations, des adresses de remerciement, parvenaient aux braves Lillois.

Enfin, récompense suprême et inestimable dans sa simplicité, récompense dont tous les descendants des Lillois de 1792 ont le droit de s'enorgueillir, comme d'un titre de noblesse, la Convention avait décrété que :

La ville de Lille a bien mérité de la Patrie.

EN VENTE
à la Librairie Gustave LELEU
11, rue Neuve, à LILLE

1792
La Guerre dans les environs de Lille

LE BOMBARDEMENT DE LILLE

documents recueillis et mis en ordre par Eugène DEBIÈVRE, bibliothécaire de la ville de Lille.

Beau volume in-8°, imprimé sur papier vergé. Prix . . . . **5 fr.** »

Journal précis de l'attaque de Lille
23 SEPTEMBRE AU 8 OCTOBRE 1892

rédigé sous les yeux du Conseil de guerre avec les signatures autographiées des officiers composant ce Conseil.

In-4° imprimé sur beau papier vergé. Prix . . . . **1 fr.** »

LILLE ANCIEN MONUMENTAL

ALBUM-SOUVENIR

suivi de Sujets modernes, Jeux populaires et Fêtes publiques

Album de 52 planches lithog. In-4º oblong cartonné.

Tiré à cent ex. et presqu'épuisés. **7,50**

LILLE

et ses Institutions communales

avec annotations et tables

par ED. VANHENDE

Beau volume in-8º de 400 pages orné d'une centaine d'illustrations, vues de Lille, portraits, etc...

Il nous reste encore quelques exemplaires de cet excellent travail, publié au prix de 6 francs, à vendre au prix de. **3,50**

LILLE, IMP. LEFEBVRE-DUCROCQ

www.ingramcontent.com/pod-product-compliance
Lightning Source LLC
Chambersburg PA
CBHW060933050426
42453CB00010B/2000